MÉTHODES INSTRUMENTALES

FastTrack®

aduit de l'anglais par Cédric Barth

Batterie 1

INTRODUCTION

T0210362

Vous voulez jouer de la batterie... comment faire ?

Toutes nos félicitations ! Vous avez choisi un bel instrument – bruyant mais beau. Que vous possédiez un set de batterie complet ou simplement une paire de baguettes, vous êtes sur la bonne piste avec cette méthode. Et ce qui est bien, c'est que vous aurez de l'avance sur les autres, puisque beaucoup de batteurs ne savent pas lire la musique !

En quelques semaines, vous allez apprendre à jouer de super rythmes et en savoir plus sur votre rôle en tant que batteur. D'ici la fin de cette méthode, vous serez à même d'aborder les tubes des plus grands – les Beatles, Clapton, Hendrix et bien d'autres.

Tout ce que vous avez à faire, c'est : être patient, vous exercer, trouver votre rythme.

N'ayez pas les yeux plus gros que le ventre et ne sautez pas les étapes. Si vos mains commencent à vous faire mal, faites autre chose pour le reste de la journée. Si vous sentez venir la frustration, mettez la méthode de côté et revenez-y plus tard. Si vous oubliez quelque chose, revenez en arrière et apprenez-le à nouveau. Si vous vous faites plaisir, oubliez le dîner et continuez de jouer. Le plus important est de vous amuser !

À PROPOS DU AUDIO

Nous sommes heureux que vous ayez remarqué le bonus qui accompagne cette méthode – pistes audio! Tous les exemples musicaux du livre se retrouvent sur le audio pour que vous puissiez les écouter et vous en servir comme accompagnement quand vous serez prêt. Ecoutez le audio chaque fois qu'apparaît le symbole : ❶

Chaque exemple du audio est précédé d'une série de clicks qui indique le tempo et la mesure. Sélectionnez le haut-parleur de droite sur votre chaîne stéréo pour écouter plus particulièrement la partie de batterie ; sélectionnez le haut-parleur de gauche pour écouter seulement l'accompagnement. Quand vous serez plus sûr de vous, essayez de jouer la partie de batterie avec le reste du groupe.

Pour y accéder, utilisez l'adresse suivante:
www.halleonard.com/mylibrary

Enter Code
5158-5628-9064-7811

ISBN: 978-90-431-0372-5

HAL•LEONARD®

7777 W. BLUEMOUND RD. P.O. BOX 13819 MILWAUKEE, WI 53213

Visit Hal Leonard Online at
www.halleonard.com

Contact Us:
Hal Leonard
7777 West Bluemound Road
Milwaukee, WI 53213
Email: info@halleonard.com

In Europe contact:
Hal Leonard Europe Limited
Distribution Centre, Newmarket Road
Bury St Edmunds, Suffolk, IP33 3YB
Email: info@halleonardeurope.com

In Australia contact:
Hal Leonard Australia Pty. Ltd.
4 Lentara Court
Cheltenham, Victoria, 3192 Australia
Email: info@halleonard.com.au

PAR OÙ COMMENCER ?

 Si vous n'avez pas de batterie : Pas de problème ! Vous trouverez tout au long de cette méthode des rubriques spéciales signalées par le symbole ci-devant.

Le tour du propriétaire...

Asseyez-vous et observez la façon dont votre set est disposé. Tambours et cymbales devraient être placés comme sur la photo ci-dessous :

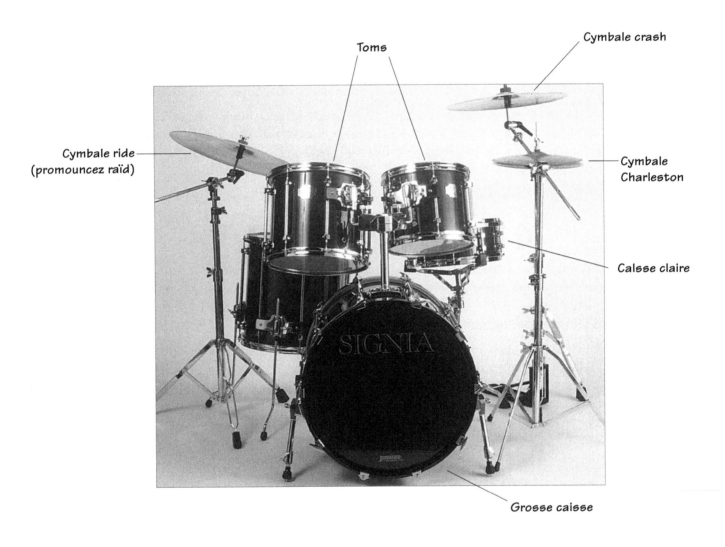

Allez-y, cognez sur chaque élément. Encore une fois !

 Sans batterie : Essayez d'agencer autour de vous quelques pots, casseroles, bassines ou coussins dans une disposition similaire.

Asseyez-vous pour voir...

Veillez à ce que votre siège ne soit ni trop haut ni trop bas. Vous devez être capable de voir par-dessus les tambours mais vous ne devez pas dépasser la hauteur des cymbales.

Positionnez la caisse claire entre vos jambes. Placez votre pied droit sur la pédale de la grosse caisse et votre pied gauche sur la pédale de la cymbale charleston.

 Sans batterie : Asseyez-vous sur une chaise ou un tabouret, les deux pieds à plat sur le sol... préparez-vous à taper.

Avoir prise sur les événements...

Les batteurs utilisent des tas de baguettes différentes. Pour l'instant, vous devriez avoir une paire qui soit légère, résistante et (surtout) confortable. Il y a deux façons de tenir vos baguettes...

prise symétrique

prise traditiionnelle

Seule la prise de la main gauche diffère. De nos jours, la plupart des batteurs utilisent la prise symétrique, mais si vous avez appris la prise traditionnelle avec l'orchestre de l'école (ou si vous trouvez simplement qu'elle a plus d'allure !), continuez comme ça.

SACHEZ ENCORE...
(...avant de vous lancer !)

Leçon d'anatomie...

Toutes les parties des baguettes, des tambours et des cymbales sont utilisées pour jouer. Prenez quelques minutes pour apprendre les noms des différentes parties dont est composé chaque élément, afin que par la suite vous sachiez exactement de quoi on parle.

Baguette

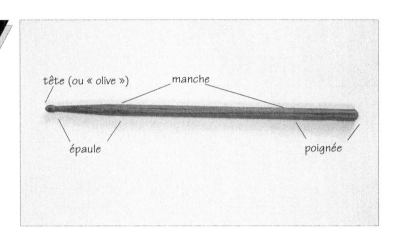

tête (ou « olive »)   manche

épaule   poignée

Tambour

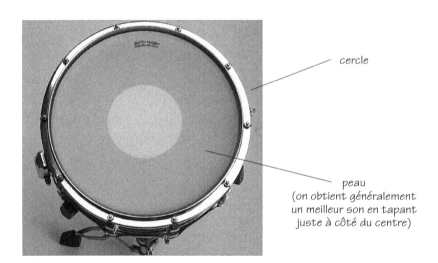

cercle

peau
(on obtient généralement
un meilleur son en tapant
juste à côté du centre)

Cymbale

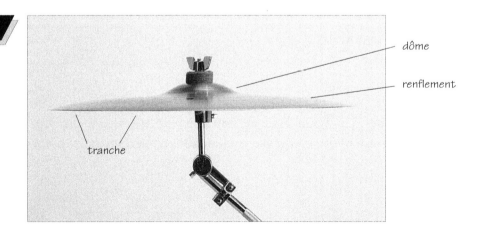

dôme

renflement

tranche

En tant que batteur, votre tâche principale (à part avoir de la classe) est de maintenir un **tempo** régulier, précis et approprié. Le tempo est la « vitesse » à laquelle la musique est jouée.

Tic-tac, tic-tac...

Un **métronome** est un appareil qui sert à mesurer le temps avec précision (le temps qui passe, pas le temps qu'il fait !). Il suffit de régler le nombre de **pulsations par minute** et le métronome commence à battre la mesure. Suivez le tic-tac en tapant du pied et vous êtes prêt pour une danse...

Il existe deux types de métronomes :

Electriques : Ils permettent une observation sonore et/ou visuelle grâce à une lumière qui clignote à chaque temps. Un autre de leurs avantages est le fait qu'ils soient équipés d'une prise-casque pour pouvoir écouter le tempo tout en jouant.

affichage digital

voyant lumineux

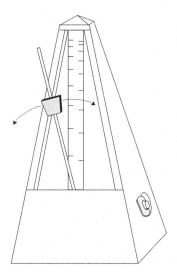

Mécaniques : Ce sont de beaux objets qui n'ont pas besoin de piles car ils sont équipés d'un balancier à contrepoids. Egalement très précis, ils ne permettent cependant pas de mettre le tic-tac en sourdine.

A un moment ou à un autre, vous vous devez (pour vous et pour votre groupe) d'acheter un métronome. C'est aussi essentiel qu'une paire de baguettes !

Suivez les indications...

La plupart des morceaux que vous allez interpréter afficheront des **indications de tempo** qui expriment la vitesse approximative à laquelle ils doivent être exécutés. Le tempo peut être indiqué de quatre manières différentes :

 Mots français (« Rapide », « Lent », « Modéré ») – Jouez comme le mot l'indique.

 Mots étrangers (« Allegro », « Adagio », « Moderato ») – Cherchez simplement leur signification dans un lexique des termes musicaux.

 Indications du métronome (♩ = 60, ♩ = 120)—Réglez votre nouveau métronome sur le nombre indiqué.

 Un mélange des 3 premiers – Pour être sûr qu'il n'y ait pas de malentendu !

à plier

CORNEZ CES DEUX PAGES
(... vous les consulterez plus d'une fois)

La musique est un langage avec des symboles, une structure, des règles (et des exceptions à ces règles) qui lui sont propres. Lire, écrire et jouer de la musique requiert une bonne connaissance de ces symboles et de ces règles. Commençons par les notions de base...

Les notes et les silences

La musique s'écrit à l'aide de petites pattes de mouche appelées **notes** et **silences**, qui varient par leur forme et leur taille. La note signifie « jouez » ; le silence signifie (vous vous en doutez !) « taisez-vous » (ou « ne jouez pas ») :

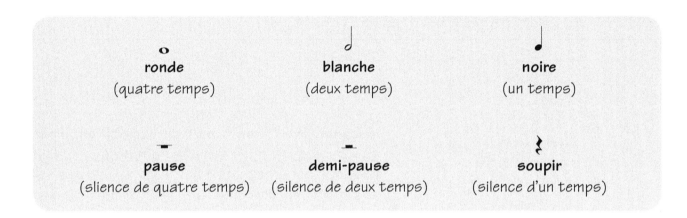

La valeur rythmique

La **valeur rythmique** renseigne sur le nombre de temps que doit durer une note ou un silence. Le plus souvent, une noire est égale à un temps. Ensuite, ça ressemble à des fractions (nous non plus, on n'aime pas les maths !) :

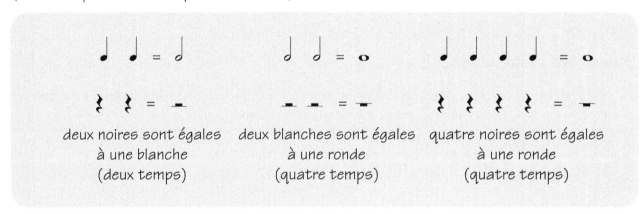

à plier

La portée et la clé

Les notes sont placées sur (ou juste à côté) une **portée** qui est composée de cinq lignes parallèles et de quatre interlignes. Pour les batteurs, chaque ligne et interligne représente un élément différent du set de batterie :

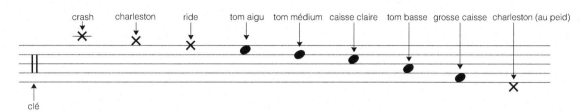

Les instruments à hauteur de son déterminée (comme la guitare ou le clavier) s'écrivent sur la même portée, mais lignes et interlignes représentent les différentes hauteurs de son. Un symbole appelé **clé de percussion** vous indique qu'il s'agit d'une portée pour musique rythmique et non tonale.

N'essayez pas de retenir les lignes et les interlignes pour l'instant... vous les apprendrez au fur et à mesure que nous avançons dans le livre.

La mesure

Les notes sur la portée sont regroupées en **mesures** à l'aide de **barres de mesure** afin de vous aider à vous repérer dans la chanson. (Imaginez-vous en train de lire un livre sans aucun point, virgule ou lettre majuscule !)

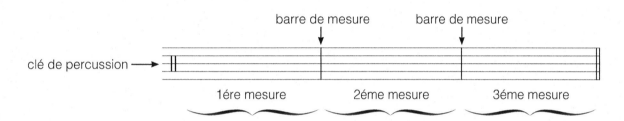

Le chiffrage des mesures

La **mesure** est déterminée par une **fraction**. Le chiffre du haut renseigne sur le nombre de temps compris dans une mesure ; le chiffre du bas donne l'unité de temps.

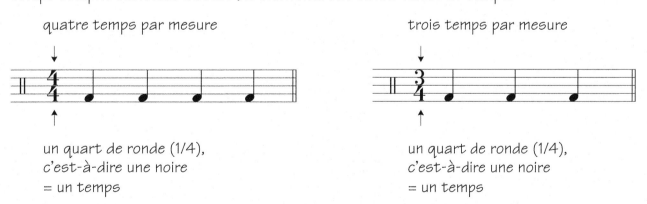

quatre temps par mesure

trois temps par mesure

un quart de ronde (1/4),
c'est-à-dire une noire
= un temps

un quart de ronde (1/4),
c'est-à-dire une noire
= un temps

Soufflez un peu, relisez cette section avant de passer à la suite.
(Faites-nous confiance – au fil des chapitres, vous allez y voir de plus en plus clair.)

LEÇON 1
Ne restez pas assis là les bras ballants, jouez quelque chose !

Vous êtes pressé de jouer, alors attaquons les choses sérieuses ! Nous commencerons par le haut...

Cymbale Ride

Un « ride » est un motif régulier qui sert de trame à un rythme. Il a donné son nom à la cymbale sur laquelle il est traditionnellement joué...

Les coups de cymbale ride s'écrivent sur la **ligne du haut** de la portée, la branche vers le ciel :

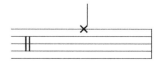

L'ENDROIT EST MARQUÉ D'UN X : Pour les distinguer des tambours, on représente les cymbales par des « x ». Toutefois, si la valeur rythmique est celle d'une blanche ou d'une ronde, on se sert de losanges (mais c'est plutôt rare).

La cymbale ride peut être jouée de différentes manières. Ecoutez le morceau du audio : ❶

Jouez avec la tête de la baguette.

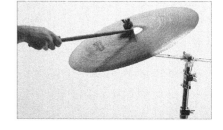

Jouez avec la tête de la baguette sur le dôme de la ride pour un son de « cloche ».

Jouez avec l'épaule de la baguette sur le dôme de la ride pour un son « heavy-metal ».

Familiarisons-nous avec la ride. Comptez à haute voix « 1, 2, 3, 4 » en jouant ce qui suit de la main droite :

❷ **Cognez !**

comptez: 1   2   3   4   1   2   3   4   1   2   3   4

Accrochez-vous !...

Une **croche** s'écrit avec un fanion :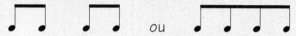

Deux croches sont égales à une noire (ou un temps). Pour faciliter la lecture, les croches sont reliées entre elles par une barre horizontale :

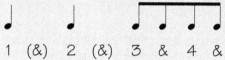

ou

Pour compter les croches, divisez le rythme en deux et utilisez « et » entre les deux (« 1 &, 2 &, 3 &, 4 & ») :

1   (&)   2   (&)   3   &   4   &

REMARQUE : Quand on compte des croches, les chiffres sont considérés comme des **temps frappés**, et les « & » comme des **temps levés** (ou « en l'air », ou encore contre-temps).

Ecoutez la piste 3 du audio avant d'essayer de jouer des croches :

❸ Ride #1

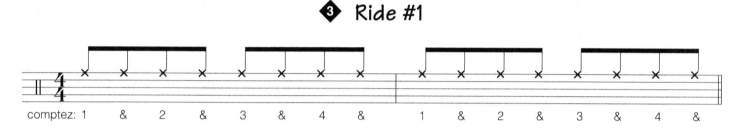

comptez: 1   &   2   &   3   &   4   &   1   &   2   &   3   &   4   &

Les noires sonnent souvent bien quand elles sont jouées sur le dôme de la ride. Les croches sonnent mieux quand elles sont jouées sur le renflement de la cymbale. Ecoutez et comparez...

❹ Ride #2

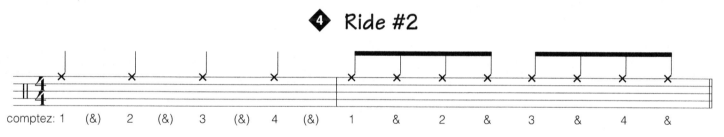

comptez: 1   (&)   2   (&)   3   (&)   4   (&)   1   &   2   &   3   &   4   &

Dans beaucoup de chansons, vous jouerez soit un ride de noires, soit un ride de croches. Mais parfois, vous jouerez des deux dans le même morceau pour signifier des sections différentes. Travaillez cet exercice afin que vous soyez capable de changer de rythme sans accélérer ni ralentir.

❺ Ride #3

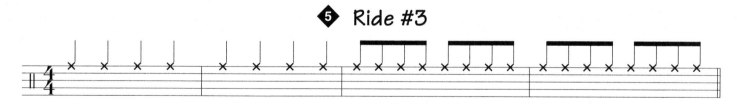

REMARQUE : Jouer des croches ne veut pas dire jouer plus vite. Le tempo reste le même – il y a simplement deux fois plus de notes par temps !

LEÇON 2
Backbeat

C'est l'une des « bêtes de somme » du set de batterie. Elle fait équipe avec la grosse caisse : tantôt elle alterne les coups avec elle, tantôt elle les accompagne.

Les coups de caisse claire s'écrivent sur le troisième interligne de la portée, la branche vers le haut ou vers le bas :

IMPORTANT: Veillez à ce que la caisse claire ne soit pas trop basse. Votre avant-bras ne doit pas toucher votre cuisse quand vous jouez.

D'autres options...

Il y a plusieurs manières de taper sur la caisse claire. En voici deux : le **coup direct** ou **sec** (**straight shot** en anglais) et le **coup sur le cercle (rimshot)**.

STRAIGHT SHOT : Frappez la peau du tambour avec la tête de la baguette. Laissez la baguette rebondir sur la peau pour permettre à la caisse de vibrer et obtenir un son plus riche et profond. **6a**

RIMSHOT : Frappez la peau et le cercle du tambour (en même temps) en tenant la baguette à plat, mais ne laissez pas la baguette rebondir. **6b**

Ecoutez les deux versions et essayez ensuite de les jouer.

Sans batterie : Tant pis pour le coup sur le cercle. Entraînez-vous à jouer un rythme régulier avec votre main droite puis avec la gauche.

Faites-en bon usage...

Le plus souvent, la caisse claire accentue les temps 2 et 4 (également appelés **backbeats**). Comptez à voix haute « 1, 2, 3, 4 » et essayez les backbeats avec votre main gauche :

❼ Backbeating

comptez : (1)   2   (3)   4   (1)   2   (3)   4   (1)   2   (3)   4   (1)   2   (3)   4

> IMPORTANT: Un silence ne veut pas dire se tourner les pouces ou se reposer sur son siège avec les doigts de pieds en éventail ! Pendant un silence, vous devriez anticiper dans la lecture des notes et préparer vos mains et vos pieds pour la prochaine série de battements.

Jouez la cymbale et la caisse claire ensemble sur les quatre prochains exemples qui sont enregistrés l'un à la suite de l'autre sur la même piste du audio :

❽ Caisse Claire / Ride

> ☞ *C'est le moment de faire une pause, d'aller chercher une glace peut-être. Quand vous reviendrez, révisez les Leçons 1 et 2 avant d'aborder la Leçon 3.*

LEÇON 3
Sachez taper du pied...

Contents de vous revoir ! Posez vos baguettes, laissez encore ces mains se reposer, et concentrons-nous sur vos pieds.

Grosse Caisse

La grosse caisse est une autre « bête de somme » de votre set d'instruments – elle est rarement silencieuse. Sa fonction première est d'accentuer les principaux temps du morceau.

Les coups de grosse caisse s'écrivent sur l'interligne le plus bas de la portée (logique, non ?), avec la branche vers le bas :

On en joue en enfonçant la pédale du pied droit. (Ouais, c'est à ça qu'elle sert la pédale !) Plus vous appuyez, plus le son est fort. Essayez !

Plusieurs possibilités...

Vous pouvez appuyer sur la pédale de deux façons :

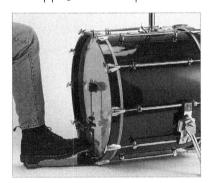

pied à plat sur la pédale   talon décollé de la pédale

Avec votre pied à plat sur la pédale, actionnez simplement votre cheville de haut en bas. Avec votre talon décollé de la pédale, il est nécessaire de vous servir de votre jambe toute entière pour maintenir un rythme régulier.

Sans batterie : Simulez en tapant du pied d'abord normalement (comme quand vous êtes nerveux ou impatient), puis en soulevant toute la jambe.

Faites-en encore meilleur usage !

Faisons plus ample connaissance avec la grosse caisse à travers quelques exemples.
N'oubliez pas de compter à haute voix (« 1 &, 2 &, 3 &, 4 & »). Les clicks sont toujours là
pour vous aider...

⑨ Coups de Pied #1

comptez : 1 (& 2 &) 3 (& 4 &)   1 (& 2 & 3 & 4 &)   etc.

Ajoutons quelques demi-pauses. Continuez de compter à haute voix :

⑩ Coups de Pied #2

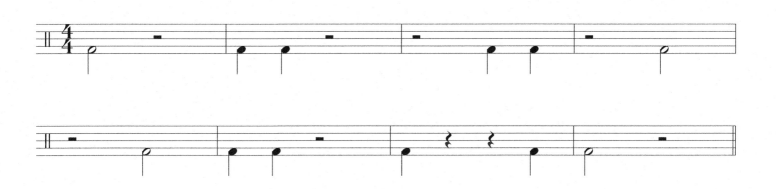

Rajoutons maintenant quelques soupirs :

⑪ Coups de Pied #3

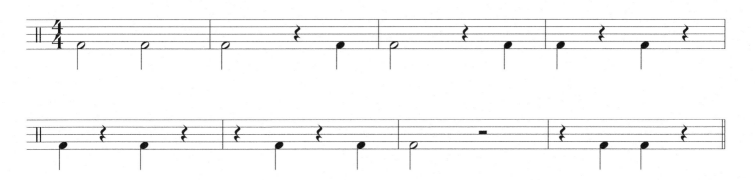

Super ! Mais ne vous arrêtez pas là...

13

Ajoutez la ride (en même temps que le clavier du groupe qui joue sur le audio) :

⑫ Grosse Caisse / Ride #1

⑬ Grosse Caisse / Ride #2

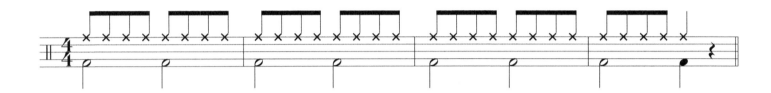

⑭ Grosse Caisse / Ride #3

⑮ Grosse Caisse / Ride #4

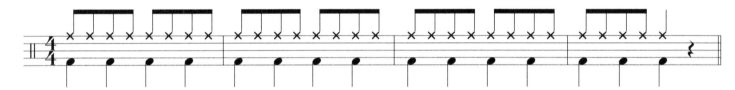

Combinez maintenant grosse caisse et caisse claire (jouez toutes les notes de caisse claire avec votre main gauche). REMARQUE : Ces deux exemples se suivent sur la piste 16 du audio :

⑯ Grosse Caisse / Caisse Claire

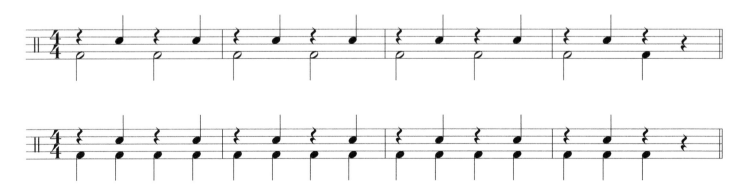

Exercez-vous toujours lentement au début et n'essayez des tempos plus rapides qu'une fois que le rythme est suffisamment maîtrisé.

LEÇON 4
Et maintenant tous ensemble...

Les quatre prochains rythmes sont simples mais efficaces. Ils ont été utilisés sur de **nombreux** disques par quelques-uns des meilleurs batteurs (alors veuillez vous exercer avec le plus profond respect)...

ABRÉVIATION : Ce symbole (𝄎) signifie qu'il vous faut répéter la mesure précédente. Cela nous évite de devoir tout réécrire. (Hé, c'est cher l'encre !)

⓱ Combinaison #1

⓲ Combinaison #2

⓳ Combinaison #3

⓴ Combinaison #4

Travaillez votre style...

La manière dont vous jouez est aussi importante (si ce n'est plus) que **ce que vous jouez**. Un rythme simple joué avec entrain et conviction est plus convaincant qu'un rythme plus complexe joué comme une mauviette. Alors rejouez les morceaux de cette page comme le batteur que vous êtes vraiment !

LEÇON 5
Encore des symboles de cymbales...

Vous connaissez la ride et deux tambours très importants. Découvrons deux autres cymbales importantes – le **charleston**. On peut en jouer de différentes façons : ouvert ou fermé, avec le pied, avec les baguettes, ou les deux à la fois...

Charleston (avec les baguettes)

Au lieu de marteler le rythme sur la cymbale ride, vous pouvez vous servir du charleston avec la même main (la droite). Tenez simplement le charleston fermé avec votre pied (pédale enfoncée) et tapez sur la tranche des cymbales avec l'épaule de la baguette.

Les notes de charleston jouées avec les baguettes s'écrivent juste au-dessus de la dernière ligne de la portée, avec une branche montante :

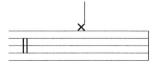

Maintenez les cymbales parfaitement en contact l'une contre l'autre pour obtenir un son tranchant, ou bien légèrement desserrées pour un son plus « flottant ».

㉑ Charleston #1

㉒ Charleston #2

㉓ Charleston #3

㉔ Charleston #4

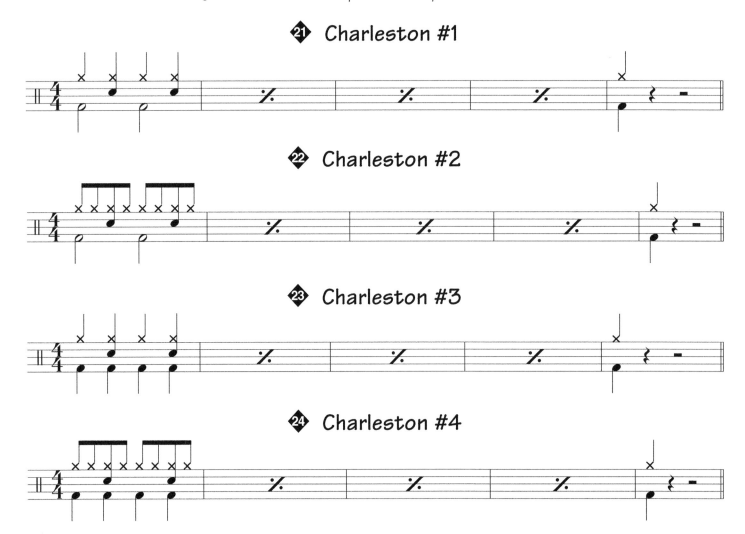

Charleston (au pied)

Jouez du charleston de la même façon que de la grosse caisse — avec la pédale, en puissance ou en nuance. Plus vous appuyez, plus le son est tranchant.

Les notes de charleston jouées avec le pied s'écrivent juste endessous de la dernière ligne de la portée, avec une branche descendante

:

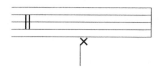

Jouez la ride avec la main droite et le charleston avec votre pied gauche :

25 Arrête ton Char...Leston !

Reprenez ces exemples mais plus rapidement cette fois.

Gauche, droite, gauche...

Vous pouvez reposer vos baguettes pour l'exemple qui suit :

26 Coups de Pied #4

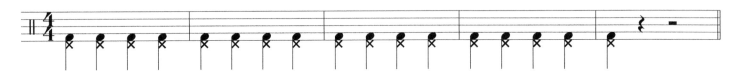

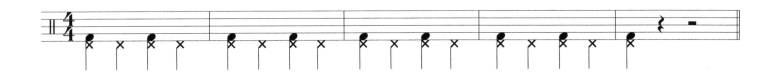

Les quatre membres ensembles...

Okay, reprenez-les en main (vos baguettes, bien sûr) :

27 Des Pieds et des Mains #1

28 Des Pieds et des Mains #2

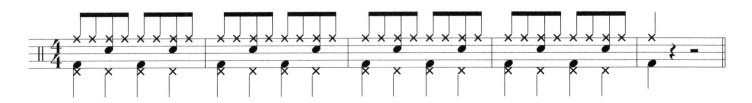

LEÇON 6
Grooves de croches

Il est temps d'attaquer les choses sérieuses et de s'intéresser au groove. Ces plans rythmiques avec des croches vont vous aider à améliorer à la fois votre lecture de la musique et votre dextérité :

Les Croches sur la Grosse Caisse

Battez des croches sur la ride et attachez-vous à jouer « proprement » des noires et des croches sur la grosse caisse :

🞈29 Ride de Croches #1

Jouez maintenant la ride avec des noires :

🞈30 Ride de Noires #1

Qu'en est-il du silence ?

Le silence correspondant à la croche se nomme un demi-soupir et a la même valeur qu'une croche... mais n'est pas joué.

🞈32 Ride de Noires #2

Passez à un rythme de croches sur la ride et ajoutez la caisse claire sur les backbeats (revoilà le groupe) :

🞈33 Ride de Croches #2

Essayez maintenant les backbeats sur un ride de noires :

🔶34 Ride de Noires #3

Les Croches sur la Caisse Claire

Jouez des croches sur la ride. Rappelez-vous de jouer doucement et de n'accélérer qu'une fois que vous êtes à l'aise avec le rythme :

🔶35 Croches Claires #1

🔶36 Croches Claires #2

Ajoutez maintenant la grosse caisse :

🔶37 Gros Groove (Ride de Croches)

🔶38 Gros Groove (Ride de Noires)

Recommencez les exercices de cette page mais en utilisant le charleston au lieu de la ride.

Les **signes de reprise** ont un double point avant ou après une double barre ( ). Ils signifient simplement (vous vous en doutez !) qu'il faut répéter tout ce qui se trouve entre les deux doubles barres. Si vous ne rencontrez qu'un seul signe de reprise ( ), répétez depuis le début du morceau.

39 Douze grooves qui bougent...

Voici quelques bons grooves, longs d'une mesure, à répéter jusqu'à épuisement. Ils ne sont pas prévus pour être joués les uns après les autres, mais sur le audio, vous entendrez chacun d'eux joué deux fois et immédiatement enchaîné avec le suivant...

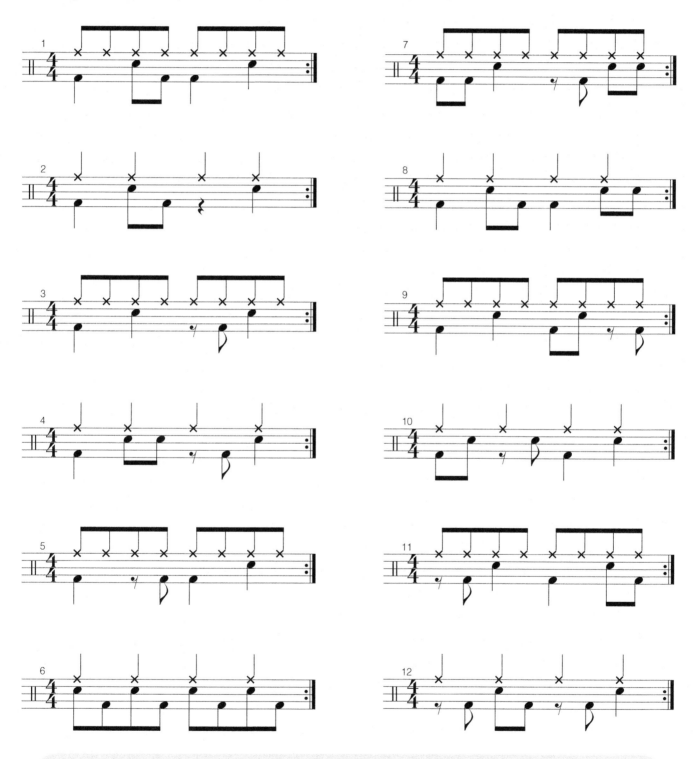

Une nouvelle pause, un nouveau paquet de friandises à grignoter...
et rendez-vous à la page suivante.

LEÇON 7
Une cymbale faite pour frapper...

Cymbale Crash

On se sert de la cymbale crash pour accentuer un temps fort, pour donner plus d'énergie à **n'importe quel** temps, ou pour marquer les différentes sections d'un morceau.

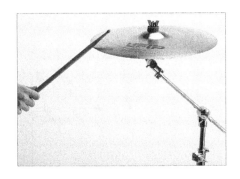

Les notes de cymbale crash s'écrivent sur une ligne au-dessus de la portée, la branche vers le ciel. Cette ligne « en dehors » de la portée est appelée une **ligne supplémentaire** (pourquoi faire compliqué ?) :

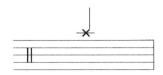

Il n'y a qu'une manière de jouer la cymbale crash – FORT ! De la main droite, frappez la tranche de la crash avec l'épaule ou le manche de la baguette, en donnant un coup de biais.

⚫40 J'irai Crasher sur vos Cymbales

Essayez de passer rapidement de la ride à la crash afin de ne pas manquer de note (même pas une croche).

⚫41 Portrait Crashé

HÉ, REGARDEZ PAR ICI ! Regardez la musique, **pas** vos mains ! (Votre cerveau a suffisamment à faire – n'essayez pas en plus de retenir les grooves !)

Les doubles-croches

Elles portent deux fanions ou une double barre horizontale :

Le silence correspondant se nomme un quart de soupir et ressemble au demi-soupir mais avec (vous l'aviez compris) deux fanions : ♼

Encore des fractions...

Deux doubles-croches sont égales à une croche, et quatre doubles-croches sont égales à une noire. Voici un diagramme montrant la relation entre les différentes valeurs rythmiques que vous avez apprises :

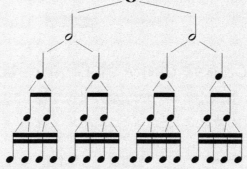

Pour compter les doubles-croches, continuez de découper le temps en comptant « qua-tre dou-bles, qua-tre dou-bles, qua-tre dou-bles,... » :

Jouez des doubles-croches sur la ride pendant que vous marquez les temps avec la grosse caisse et la caisse claire :

⓸ Ride de Doubles-croches

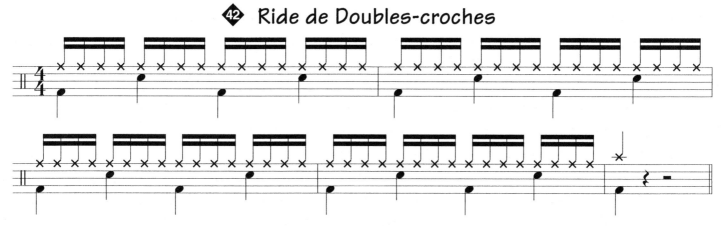

Essayez d'alterner main gauche et main droite pour jouer des doubles-croches sur le charleston. La main droite viendra frapper rapidement la caisse claire sur les backbeats.

⓸ Une Main après l'autre

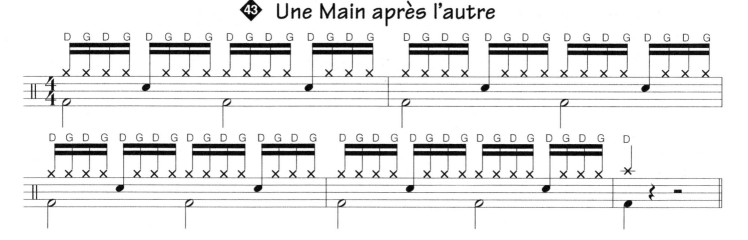

Pas si vite mon ami !

Vous ne croyiez tout de même pas les avoir apprises **aussi** vite, n'est-ce pas ? Voici quelques exemples pour vous permettre d'apprendre à jouer des doubles-croches sur tous les tambours et cymbales que vous connaissez...

🔸44 Grosse Caisse et Ride

🔸45 Caisse Claire et Charleston

IMPORTANT : N'oubliez pas de compter « qua-tre dou-bles, qua-tre dou-bles, qua-tre doubles,... » pour que les doubles-croches de la grosse caisse soient jouées correctement :

🔸46 Grosses Doubles-croches

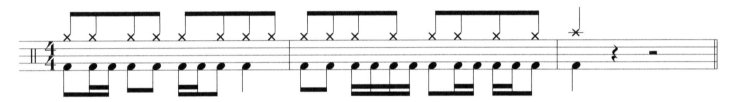

🔸47 Doubles-croches Claires

Mélangez-les tous ensemble...

🔸48 Cocktail #1

🔸49 Cocktail #2

24

LEÇON 8
Faisons le point !

Le **point** prolonge une note ou un silence de la moitié de sa valeur. Pour les batteurs, les deux notes pointées les plus courantes sont la noire pointée et la croche pointée :

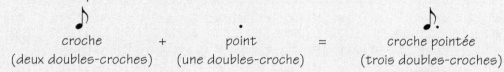

noire	+	point	=	noire pointée
(deux croches)		(une croche)		(trois croches)

REMARQUE : Une noire pointée est habituellement suivie d'une croche.

croche	+	point	=	croche pointée
(deux doubles-croches)		(une doubles-croche)		(trois doubles-croches)

REMARQUE : Une croche pointée est habituellement reliée à une double-croche de la manière suivante :

Les prochains exemples utilisent des notes pointées. Répétez lentement et comptez à haute voix :

🔷50 Pointez ! #1

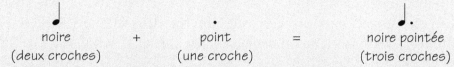

🔷51 Pointez ! #2

🔷52 Pointez ! #3

Pour redoubler de plaisir...

Dans beaucoup de chansons, vous rejouerez plusieurs fois le même rythme d'une mesure. (Vous vous souvenez du signe de reprise d'une mesure de la page 15 ?) Mais il est parfois plus intéressant de répéter un motif rythmique de deux mesures.

Un signe de reprise de deux mesures ressemble à ceci :

IMPORTANT : Cela ne veut pas dire que vous répétez deux fois une mesure ; cela signifie de répéter une fois les deux mesures précédentes. Par exemple, quand vous voyez ceci :

...jouez cela :

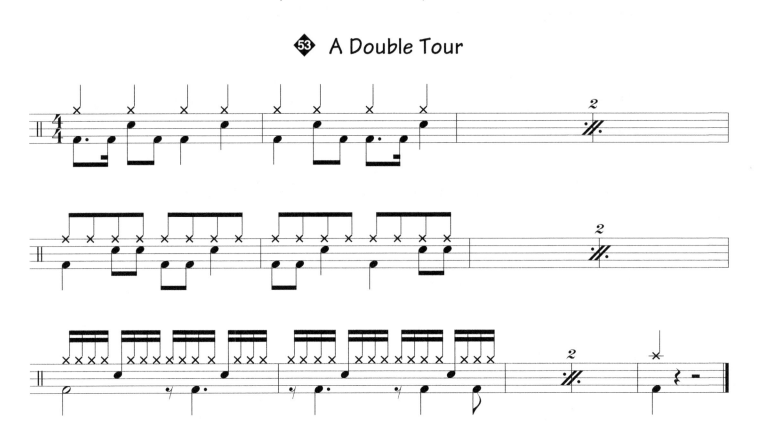

Le morceau n°53 du audio vous permet de mieux comprendre...

53 A Double Tour

C'est très clair...

Souvent quand vous jouez de la batterie, chaque main joue indépendamment une partie différente du rythme. Cependant, il arrive parfois que les mains travaillent ensemble pour jouer un rythme.

Jouez le solo de caisse claire qui suit. Maintenez un rythme régulier de grosse caisse et veillez à toujours utiliser la bonne main en suivant les indications qui figurent au-dessus de la portée.

54 Jeu de Mains #1

UN BON TRUC À SAVOIR : Servez-vous de ces rythmes comme base pour vos parties de remplissage (les **fills**, de l'anglais to fill = remplir ; roulements, etc.) et vos solos.

LEÇON 9
Simple comme un coup de... fill !

Vous avez appris les éléments de votre batterie qui fournissent les rythmes de base.
Mettons un peu d'animation grâce à trois tambours supplémentaires...

Toms

Le son de vos trois toms va des aigus aux graves :

Les toms du rack sont montés sur la grosse caisse. Le **tom aigu** s'écrit sur l'interligne du haut ; le **tom médium** sur la quatrième ligne :

Le **tom basse** repose sur le sol. Il s'écrit sur l'interligne juste au-dessus de la grosse caisse :

☞ REMARQUE : Vous avez peut-être encore d'autres toms (petit veinard !). Pour l'instant, concentrez-vous sur ces trois toms principaux.

Jouez chaque tom, du plus grave au plus aigu. Essayez ensuite cet exemple (en vérifiant que vous utilisez à chaque fois la bonne main)...

◆ 55 Jeu de Mains #2

Sans batterie : Sortez d'autres casseroles, saladiers, coussins, etc...
tout ce que vous trouverez.

On peut jouer les toms sur les temps forts, comme avec la caisse claire ou la grosse caisse, mais le plus souvent, on s'en sert pour jouer des « roulements » ou plus généralement des fills, c'est-à-dire des parties de remplissage, comme dans ce groove :

56 Sur le Fill

Créez votre propre fill...

Vous pouvez vous servir des toms, de la caisse claire, des cymbales ou d'autre chose pour vos fills. Un fill peut durer un, deux ou plusieurs temps. Utilisez des doubles-croches, des croches et même des noires. Ecoutez quatre types de fill différents sur le morceau n°57 du audio, puis essayez de créer le vôtre :

57 Des Fills à Tricoter

Vous pouvez utiliser les motifs suivants en totalité (ou en partie) pour créer des fills. Vous pouvez même les mettre bout à bout pour faire un solo de batterie. La plage 58 du audio joue chaque motif deux fois, immédiatement enchaîné avec le suivant.

58 Faites le Tour

Pas que du remplissage...

Les toms peuvent aussi être incorporés à des rythmes et des grooves pour leur donner plus de couleur et de puissance.

59 **Power Toms #1**

60 **Power Toms #2**

61 **Power Toms #3**

62 **Power Toms #4**

Pour avoir vraiment de la puissance, imprimez le rythme sur le tom basse plutôt que sur le charleston ou la cymbale ride.

63 **Ride de Toms**

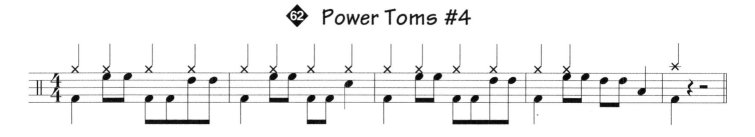

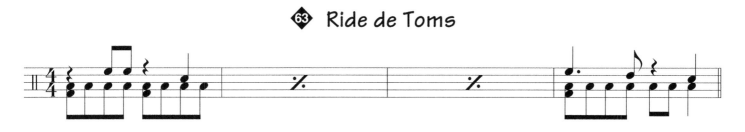

☞ Laissez vos mains, vos pieds et votre esprit se reposer – regardez la télé. Ensuite, révisez à nouveau les Leçons 1 à 9 avant de découvrir d'autres rythmes qui balancent...

LEÇON 10
Une question de style...

As we mentioned, there are several ways to play many of the pieces in your set...

Charleston Ouvert

Quand vous faites un ride sur le charleston fermé, vous pouvez colorer et ponctuer le rythme en ouvrant occasionnellement le charleston. Le morceau n°64 donne une idée de ce nouveau son.

Une note de charleston ouvert est symbolisée par un « o » (pour « ouvert ») au-dessus de la note.

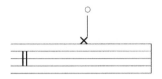

Laissez remonter la pédale au moment où vous jouez la note ouverte en tapant le charleston avec votre baguette, puis ramenez les cymbales l'une contre l'autre avec la pédale au moment de jouer la note suivante :

🔵64 Charleston Ouvert

relevez le pied quand vous jouez cette note   appuyez du pied quand vous jouez celle-ci

Introduisez maintenant ce style dans quelques rythmes :

🔵65 Ouvert-Fermé #1

🔵66 Ouvert-Fermé #2

🔵67 Les Années Disco

Caisse Claire en Rimshot Posé

C'est un effet populaire et couramment utilisé qui consiste à poser la baguette en travers de la peau de la caisse claire, et à produire un petit bruit sec en frappant la baguette contre le cercle.

Le son du rimshot posé est spécifié par un cercle entourant la note de caisse claire :

Le rimshot posé est particulièrement utile pour les ballades...

Voici deux autres motifs qui emploient la technique du rimshot posé :

Fantastique ! Vérifiez le tempo sur votre métronome. (Vous en avez acheté un depuis le temps, n'est-ce pas ?) Arrivez-vous déjà à jouer à la bonne vitesse ?

33

Flas

Un bon moyen pour amplifier et souligner le son d'un tambour est de le frapper avec les deux baguettes PRESQUE en même temps. Cet effet s'appelle un **fla** (« flam » en anglais), et ressemble à ceci :

La petite note s'appelle une **appoggiature** et est frappée légèrement avant et de manière légèrement plus douce que la note principale. Pour jouer un fla, commencez avec une baguette à quelques centimètres du tambour pendant que l'autre main se prépare à frapper depuis la position normale (ou accentuée). Si vous abaissez vos baguettes en même temps, celle qui est la plus proche de la peau va frapper en premier, produisant le son appuyé du fla.

On peut jouer des flas sur le même tambour ou entre des tambours différents. Le morceau n°72 vous donne un aperçu de ces sons :

72 Flim-Flam-Floom

On peut se servir des flas pour donner une consonance « militaire » à un passage de caisse claire...

73 Lance-Flam

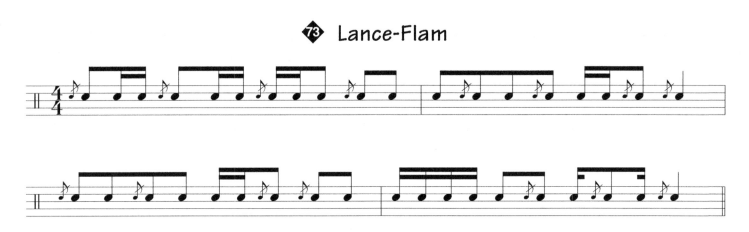

Les flas donnent également de la puissance aux intros, aux grooves et aux fills...

74 Tout Feu, Tout Flam

34

CHANGEZ D'AIR !

Bien que la mesure à 4/4 soit la plus courante en rock, blues, country, funk et pop, ce n'est pas la SEULE mesure utilisée. On rencontre également la mesure à 3/4. (Retournez à la page 7 pour vous rafraîchir la mémoire.)

Vous trouverez ci-dessous douze grooves en mesure à 3/4 (c'est-à-dire trois temps par mesure). Chacun d'eux est joué deux fois sur la piste n°75 du audio, immédiatement enchaîné avec le suivant...

75 Grooves en 3/4

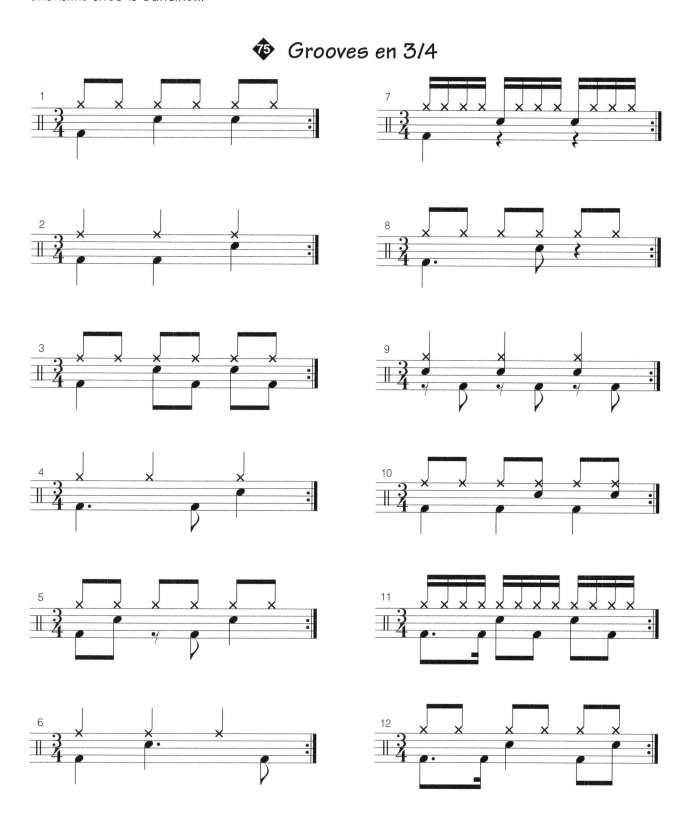

Reprenez-les, mais plus vite cette fois...

LEÇON 11
Enlevez le morceau...

La plupart du temps, les autres membres du groupe vont s'arrêter de jouer (et même peutêtre quitter la scène !) quand arrive le moment de votre solo de batterie. (C'est vraiment pas juste étant donné que vous devez continuer à jouer pendant LEURS solos !)

Quand vous êtes le seul à jouer, le défi consiste à conserver le groove tout en étant capable de jouer des phrases musicales. Une façon de s'en sortir consiste à garder une pulsation régulière avec la grosse caisse et à faire un solo par-dessus. Essayez ceci :

76 Super Solo

Une autre manière de tenir un groove pendant le solo est de maintenir un flux régulier de doubles-croches et de créer l'intérêt rythmique en **accentuant** certaines notes. Une note accentuée est surmontée de ce signe : >

Le motif suivant vous montre comment placer des accents sur les différentes parties d'un temps. Jouez les notes accentuées nettement plus fort que celles qui ne le sont pas.

77 Un Chti Accent

Essayez maintenant un autre solo...

78 Solo Accuntué

LES JOIES DES JOUETS

Si vous avez un set de batterie standard, nous avons probablement vu la plupart (si ce n'est la totalité) des éléments. Toutefois, vous avez peut-être (ou voudriez rajouter) quelques « jouets » supplémentaires. Voici la photo d'une batterie de rêve, équipée de ses divers accessoires...

Toms supplémentaires.
Plus il y en a, plus on s'amuse – vous avez un plus grand choix pour improviser des fills.

Cymbales supplémentaires.
Défoulez-vous !
(Vos pauvres voisins ? !)

Cloche de vache (Cowbell).
En remplacement du charleston ou de la ride pour un son plus tranchant

Tambourin.
Sur pied, cela devient un nouveau substitut du charleston.

Double pédale de grosse caisse ou **deux grosses caisses.**
Elles vous permettent de jouer croches et doubles-croches plus rapidement avec vos pieds.

 Sans batterie : Ne soyez pas jaloux – récupérez juste de nouveaux ustensiles de cuisine. Sérieusement, une théière produit un beau son de cloche de vache !

LEÇON 12
Structures...

*O*kay, vous savez jouer des rythmes de noires, de croches et de doubles-croches. Vous savez jouer des fills et des solos. Il est temps de commencer à jouer des chansons !

Mais vous ne pouvez pas jouer n'importe quoi n'importe quand, et il y a des moments et des endroits précis pour les fills et les coups de cymbale crash. Prenons quelques instants pour étudier la structure d'une chanson...

Jouer des chansons

La plupart des chansons sont composées de plusieurs sections, généralement choisies parmi les suivantes :

 INTRODUCTION (ou « intro ») : C'est une courte section placée au début qui (vous l'aviez à nouveau deviné !) « introduit » la chanson auprès des auditeurs.

 COUPLET : L'une des principales sections de la chanson. Il y a en général plusieurs couplets, avec pour tous la même musique mais des paroles différentes.

 REFRAIN : Une autre section majeure. A nouveau, il y aura sans doute plusieurs refrains intercalés avec les couplets, mais les refrains auront souvent les mêmes paroles.

 PONT : Cette section fait la transition entre les différentes parties de la chanson. Par exemple, vous trouverez peut-être un pont entre le refrain et le couplet suivant.

 SOLO : On en joue parfois sur un couplet ou sur le refrain, mais dans certaines chansons, la section de solo possède sa structure propre. Les solos sont habituellement laissés au guitariste, mais vous aurez parfois de la chance et c'est vous qui serez alors sous les feux des projecteurs.

 FINALE : Similaire à l'intro, cette section prépare la fin du morceau. Sans finale, la chanson peut s'arrêter net, ou se terminer par un fondu. Les deux fonctionnent, du moment que c'est crédible et joué avec conviction.

Quoi et quand...

Vous jouerez souvent le même rythme de base tout au long de la chanson, mais vous introduirez parfois de légères variations pour marquer les différentes sections. Même dans ce cas, vous devriez probablement jouer tous les refrains de la même manière, tous les couplets de la même manière, etc. (Cela va permettre à l'auditeur de se repérer à l'intérieur du morceau.)

Les **coups de cymbale crash** sont efficaces pour marquer le début d'une nouvelle section, ou le milieu d'une section.

Les **fills** sont plus efficaces quand ils sont joués tout à la fin d'une section. Ils servent à signaler que la chanson est sur le point d'aborder un nouveau territoire (qui n'est peut-être pas sur la carte).

*T*out est clair ! Pas vraiment ? Ne vous en faites pas – les exemples des pages suivantes vont vous permettre de vous faire une meilleure idée sur la façon de composer la partie de batterie d'une chanson. Pour finir, trois chansons complètes vous attendent... mais NE SAUTEZ PAS LES ÉTAPES !

Faites la différence...

Comme nous venons de l'expliquer, vous allez souvent jouer le même rythme pendant presque toute la durée de la chanson, en l'agrémentant de divers fills et coups de cymbale. Il est parfois bon de changer le **son** et le **feel** du rythme que vous jouez dans différentes sections du morceau.

« Comment je fais ça ? »

 Vous pouvez battre la pulsation sur le charleston durant le couplet et passer sur la ride pour le refrain, sans rien changer aux rythmes de la caisse claire et de la grosse caisse.

 Vous pouvez passer d'un ride de croches durant les couplets à un ride de noires durant les refrains, en laissant toujours caisse claire et grosse caisse inchangées.

 Essayez de combiner un changement de son et de feel : ride de noires sur le charleston pour le couplet ; ride de croches sur la cymbale pour le refrain. Et peut-être un ride de noires sur le dôme de la cymbale pendant le solo de guitare. (Hé, ça c'est une idée !)

Vous aurez parfois envie de changer complètement de rythme entre les sections de la chanson. Dans la majorité des cas, les différents rythmes que vous utilisez pour une même chanson devraient être relativement proches. Considérez les trois prochains exemples comme une source d'inspiration :

🔷79 Variation #1

Variation #2

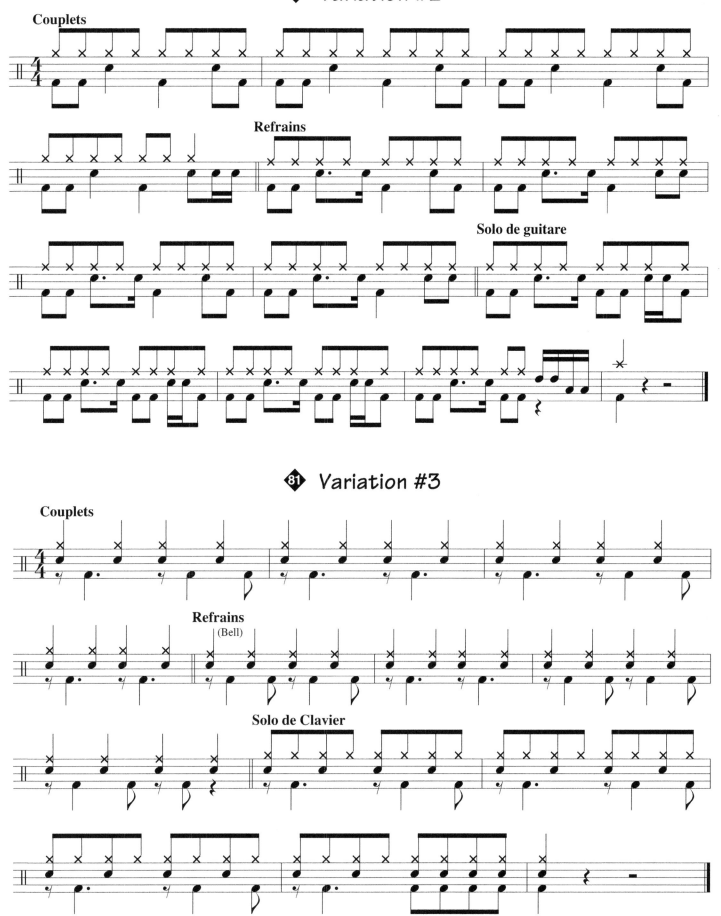

Variation #3

ATTENTION : Vous approchez de la fin de ce livre. Faites une pause,
courez à votre magasin de musique et ramenez **FastTrack Drums Songbook !**
(Vous ne le regretterez pas.)

Finir une chanson...

Dans de nombreux cas, la seule différence entre les deux couplets ou refrains d'une chanson réside dans les **paroles**. Guitariste, bassiste, clavier et batteur vont jouer exactement la même chose durant chaque section – sauf peut-être tout à la fin.

Essayez de jouer un fill différent (ou trouvez une forme de variation quelconque) à la fin de chaque section pour amener la suivante.

Dans ce type de situation, vous verrez la musique écrite avec une **1ère et une 2ème fin**, indiquées par un crochet et les chiffres « 1 » et « 2 ». Dans l'exemple ci-dessous, jouez le morceau jusqu'au signe de reprise à la ligne 3, puis répétez depuis le début. A la deuxième lecture, sautez la 1ère fin pour jouer la 2ème et dernière fin.

Ecoutez le morceau n°82 avant de jouer, et vous comprendrez ce qu'on veut dire par là...

82 Il Était une Première Fois...

Susciter l'intérêt...

N'abattez pas toutes vos cartes dès les quatre premières mesures ! Il est souvent très efficace de commencer simple et de développer votre jeu au fur et à mesure que vous avancez dans la chanson. L'intérêt du public devrait s'éveiller en même temps que votre jeu, comme dans l'exemple qui suit...

83 Petit à Petit...

DEUX FOIS PLUS LENT
(... mais tout aussi intéressant !)

Le même type de rythme peut s'écrire de deux manières différentes. Par exemple, à la place d'écrire un groove de ballade lente avec un ride de doubles-croches et des coups de caisse claire sur les temps 2 et 4 (backbeats), le même motif rythmique peut s'écrire avec un ride de croches et un coup de caisse claire sur le troisième temps de chaque mesure.

On appelle ça un **half-time feel**. Ecoutez le morceau n°84 du audio. Il peut s'écrire de deux manières (cf. ci-dessous). Dans la première version, les clicks sur le audio représentent quatre noires ; mais dans la seconde version, les clicks représentent quatre blanches.

◆84 Du Pareil au Même

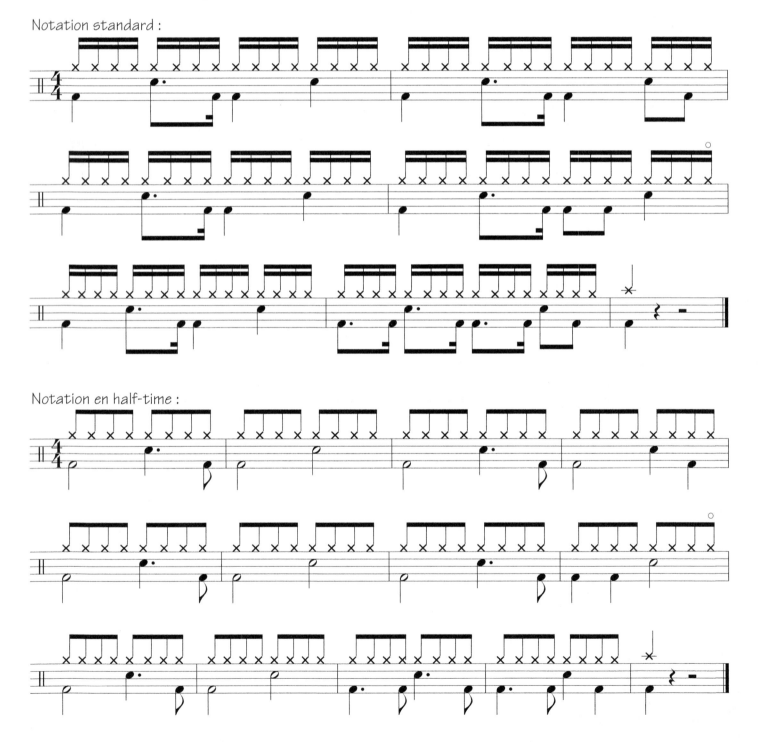

Notation standard :

Notation en half-time :

LEÇON 13
C'est l'heure de monter sur scène...

Ceci n'est pas vraiment une leçon... c'est une jam session !

Toutes les méthodes FAST TRACK (Guitare, Clavier, Saxophone, Basse et Batterie) ont en commun leur dernier chapitre. Vous pouvez ainsi jouer seul en vous faisant accompagner par le audio ou bien former un groupe avec vos amis.

Alors, que le groupe soit sur le audio ou dans votre garage, que le spectacle commence...

Exit for Freedom

87 **88** # Ballade Unplugged

groupe au complet sans la batterie

A Intro
Jouez lentement

B Couplet

1.

2.

C Pont

(toms)

D Fin

Billy B. Badd

INDEX DES CHANSONS

(...un livre pourrait-il se terminer autrement ?)